AF563682

RAPPORT

SUR LE SERVICE

DE L'ASILE PUBLIC D'ALIÉNÉS

DE RODEZ.

Te 66
201

DÉPARTEMENT DE L'AVEYRON.

RAPPORT

SUR LE SERVICE

DE L'ASILE PUBLIC D'ALIÉNÉS DE RODEZ,

ADRESSÉ A M. LE PRÉFET DE L'AVEYRON,

Par le docteur J. CHAMBERT,

Chevalier de la Légion-d'Honneur,

DIRECTEUR-MÉDECIN DE L'ASILE.

Rodez,

IMPRIMERIE DE N. RATERY, RUE DE L'EMBERGUE, 21.

—

1856.

A MONSIEUR LÉON SENCIER, PRÉFET DE L'AVEYRON, CHEVALIER DE LA LÉGION-D'HONNEUR.

A MESSIEURS LES MEMBRES DU CONSEIL GÉNÉRAL.

A MESSIEURS LES MEMBRES DE LA COMMISSION DE SURVEILLANCE DE L'ASILE D'ALIÉNÉS DE RODEZ.

J. Chambert.

RAPPORT

SUR LE SERVICE

MÉDICAL ET ADMINISTRATIF

DE L'ASILE PUBLIC D'ALIÉNÉS DE RODEZ.

EXERCICE 1855.

Les rapports annuels sur le service médico-administratif des asiles d'aliénés embrassent des détails si nombreux et soulèvent des questions si diverses, qu'on éprouve un véritable embarras et une sorte d'hésitation à aborder des travaux de cette nature. C'est que l'aliéné qui en est l'objet n'est nullement assimilable à l'homme vivant dans les conditions ordinaires de la société, ou du malade et de l'infirme recueillis dans les hospices communaux. Il a fallu établir pour les malheureux en démence une législation à part, protectrice de leurs intérêts personnels, comme aussi de la sécurité publique ; il a fallu créer des asiles dans des conditions de construction, d'organisation et de régime intérieur spéciales; instituer des moyens de traitement en rapport avec la nature des lésions morales ou physico-morales à combattre. De là, le caractère particulier que présente l'organisation des services intérieurs et l'administration d'un asile d'aliénés ; de là, la diversité et la complexité, pour ainsi dire, des questions à traiter dans un compte-rendu qui s'y rapporte, et, enfin, la difficulté de les présenter avec ordre et sans confusion. Afin d'éviter autant que possible ce dernier inconvénient, nous diviserons le travail dont nous sommes chargé en deux parties distinctes : l'une sera affectée au compte-rendu du service médical de l'asile ; l'autre au rapport administratif et moral.

En conséquence, après avoir exposé les principales données fournies par l'examen : 1° du mouvement général de la population de l'asile pendant l'année 1855 ; 2° des admissions ; 3° des sorties ; 4° des décès, etc., dans leurs rapports avec les causes, le diagnostic, le pronostic, etc., de l'aliénation mentale ; 5° après avoir tracé une sorte de revue des principaux faits cliniques soumis à notre observation, nous nous occuperons de la deuxième partie consacrée aux questions d'un ordre plus particulièrement administratif.

Il résultera, si nous ne nous abusons, des observations et des faits que nous aurons à exposer, la nécessité d'introduire dans nos services intérieurs d'importantes améliorations ; comme aussi l'impossibilité de réaliser ces améliorations avec les conditions budgétaires qui nous sont imposées aujourd'hui. Nous croyons, en outre, pouvoir démontrer que ces derniers résultats sont susceptibles d'être obtenus sans un très-notable accroissement de la dépense mise à la charge du département.

D'ailleurs, il convient de le dire, il est conforme à l'esprit de la loi qui nous régit et aux prescriptions de l'humanité de signaler les souffrances qui existent, afin de leur opposer un remède prompt et efficace. Pour atteindre ce but, nous comptons sur le bienveillant appui de M. le Préfet, sur les sympathies si souvent exprimées par les honorables membres du Conseil général de l'Aveyron en faveur de l'asile de Rodez, asile consacré à la guérison ou au soulagement de la plus affligeante infirmité qui puisse nous frapper, et aussi, la plus digne de notre sollicitude.

PREMIÈRE PARTIE.

COMPTE-RENDU MÉDICAL.

MOUVEMENT GÉNÉRAL DE LA POPULATION.

Le nombre des aliénés traités pendant l'année 1855 a été de 176, savoir :

Aliénés existant au 1er janvier........	127
Admis dans le courant de l'année.....	49

Les sorties par guérison ou autres causes se sont élevées à 27 ; les décès, à 4. — La population restant au 31 décembre était de 145. — Différence en plus à la fin de l'exercice, 18.

Le mouvement de l'année 1855, comparé à celui des années antérieures, prouve que la population tend constamment à s'accroître.

En effet, la moyenne quotidienne des aliénés traités a été :

En 1853, de........................	117
En 1854, de........................	132
En 1855, de........................	139

Il serait sans doute intéressant de rechercher les causes de cette progression. Mais cette étude nous entraînerait au-delà des bornes que nous devons nous imposer : nous aurions, d'ailleurs, à reproduire les principales considérations dans lesquelles nous sommes entré à ce sujet dans notre rapport de 1854. Nous disions, à cette époque, que le nombre des aliénés séquestrés était dans des rapports déterminés et peu variable avec le nombre des habitants ou de la population générale en France. Mais nous aurons tout-à-l'heure occasion de rappeler ce fait et d'indiquer sa signification.

Nous devons ajouter que l'autorité administrative qui dirige ce département, ne pouvant étendre sans réserve les bienfaits de la loi du 30 juin 1838, concentre plus particulièrement sa sollicitude sur les aliénés susceptibles d'être rendus à la raison sous l'influence d'un traitement promptement appliqué, et sur ceux qui constituent un danger réel pour la société. C'est ce qui ressort des prescriptions de la circulaire n° 6, insérée (année 1855) dans le *Recueil des Actes administratifs*; la pensée et le but en sont suffisamment démontrés.

LIEUX D'ORIGINE DES ALIÉNÉS.

Les malades traités pendant l'année peuvent se répartir, par arrondissement, ainsi qu'il suit :

1°	Arrondissement	de Rodez......	—	Aliénés...	60
2°	Id.	de Millau......	—	Id.....	38
3°	Id.	de Villefranche..	—	Id.....	30
4°	Id.	d'Espalion.....	—	Id.....	26
5°	Id.	de St-Affrique..	—	Id.....	16
	Aliénés étrangers au département de l'Aveyron.				6
		Total....................			176

Si nous cherchons les rapports du nombre des aliénés traités avec la population du département par arrondissement, nous aurons les résultats suivants :

1°	Arrond.	de Rodez.........	108,588 hab. —	60 aliénés. —	Soit	1 aliéné sur	1,800 hab.
2°	Id	de Millau.........	65,625	38		1	1,727
3°	Id	de Villefranche.	92,254	30		1	3,075
4°	Id.	d'Espalion.......	67,698	26		1	2,603
5°	Id.	de St-Affrique..	60,038	16		1	3,752

Soit par rapport à la population générale du département, savoir : 394,203 habitants, 1 aliéné sur 2,318 habitants.

Or, nous devons remarquer que la moyenne en France est de 1 aliéné sur 1,600 habitants ; ces calculs ne s'appliquent qu'aux aliénés séquestrés. D'après ces données, le nombre des aliénés existant dans le département de l'Aveyron et à séquestrer, devrait s'élever au chiffre de 300 et même au-delà. Jusqu'à ce moment, ainsi que nous l'avons vu, la moyenne habituelle de l'asile de Rodez n'a pas dépassé 139 ; elle est donc bien inférieure encore au chiffre qu'elle pourrait atteindre.

Les rapprochements que nous venons de présenter ne sont-ils pas de nature à expliquer suffisamment le mouvement progressif de la population de l'asile ?

Un autre fait découle de nos relevés statistiques, c'est que les populations des villes fournissent plus d'aliénés que les populations rurales, résultat généralement constaté ailleurs.

INFLUENCE DES SEXES.

La folie paraît atteindre, dans le département, un plus grand nombre d'hommes que de femmes : nous comptons, sur 170 aliénés appartenant au département de l'Aveyron, 97 hommes et 73 femmes. Des résultats différents sont observés dans d'autres lieux, dans le nord particulièrement.

ÉTAT CIVIL.

Le célibat paraît constituer une cause prédisposante à la folie. Nous trouvons les proportions suivantes :

1° Célibataires................	139.
2° Mariés....................	30.
3° Veufs et veuves.............	7.

Nous ajouterons qu'il existe plus de célibataires aliénés chez les hommes que chez les femmes :

Hommes célibataires...........	86.
Femmes.....................	53.

Nous regrettons de ne pas avoir sous les yeux le nombre relatif des hommes et des femmes constituant la population totale du département.

AGE.

L'âge est à considérer dans sa part d'influence dans le

nombre des aliénés. La folie se montre plus fréquemment de 25 à 35 et 40 ans qu'aux autres époques de la vie. C'est donc, selon l'expression du docteur Guislainx, lorsque la vie individuelle de l'homme commence, qu'il devient le plus sujet à cette maladie.

DEGRÉ D'INSTRUCTION.

Le degré d'instruction des malades nous a paru être généralement en rapport avec leur situation de fortune ou leur degré d'aisance. Nous trouvons les proportions qui suivent :

1°	Aliénés sachant lire, écrire, compter, etc., ci..	20.
2°	— ne sachant lire et écrire que fort peu, ci.	30.
3°	— ne sachant ni lire, ni écrire, ci........	126.
	Total........................	176.

Il résulte de ce qui précède que l'instruction primaire est encore fort peu répandue parmi les habitants de nos contrées, surtout de nos contrées rurales.

TEMPÉRAMENTS.

L'influence présumée des tempéraments sur le développement de la folie, sur la forme et le caractère du délire, ne saurait être recherchée avec trop de soin. Mais l'étude de cette question n'est pas exempte de difficultés. En effet, est-on bien d'accord sur ce qu'on doit entendre par tempéraments, sur leurs divers genres, sur leurs caractères distinctifs? L'appréciation de ces caractères est-elle facile? Ces difficultés ne sont-elles pas d'autant plus manifestes qu'il s'agit d'aliénés? Nous n'oserions répondre affirmativement.

Aussi, ce n'est pas sans hésitation que nous ferons connaître le résultat de nos premières recherches à ce sujet :

1°	Tempérament	sanguin :	hommes, 32;	femmes, 22.	— Total, 54.
2°	Id.	lymphatique :	28;	22.	50.
3°	Id.	bilieux :	24;	20.	44.
4°	Id.	nerveux :	18;	10.	28.

Il n'a pas été tenu compte des tempéraments mixtes qui se rencontrent peut-être le plus fréquemment.

D'après nos relevés, les tempéraments sanguin et lymphatique seraient prédominants, soit chez l'homme, soit chez la femme; tandis que le nerveux, qui semblerait devoir prédisposer à la folie, n'occuperait que le dernier rang.

Si nous examinons les tempéraments dans leurs rapports avec les diverses formes de l'aliénation mentale, nous constatons que le tempérament sanguin coïncide plus particulièrement avec la manie; le lymphatique avec la démence et l'idiotie; le bilieux avec le délire lypemaniaque; et, en dernier lieu, se présenterait le tempérament nerveux paraissant également propre aux divers genres de folies.

NOSOGRAPHIE MENTALE.

La folie se présente sous des types ou sous des formes si diverses qu'il est difficile de la soumettre à un classement rigoureux. Quoi qu'il en soit, nous nous en tiendrons aux divisions suivantes généralement adoptées :

GENRES D'ALIÉNATION.	HOMMES.	FEMMES.	TOTAL.
Manie continue	24	22	46
Manie intermittente ou rémittente	11	7	18
Monomanie	10	10	20
Lypemanie	9	8	17
Démence	23	17	40
Folie paralytique	7	3	10
Id. épileptique	14	3	17
Idiotie	2	4	6
Folie simulée	1	»	1
Folie imputée et non confirmée	1	»	1
TOTAUX	102	74	176

Le tableau qui précède confirme le fait généralement reconnu, savoir : la prédominance de la manie sur les autres formes de délire ; viennent ensuite la démence, la monomanie et la lypemanie ; enfin, l'idiotie.

Ces divers genres d'aliénation se compliquent quelquefois de diverses lésions du mouvement, de paralysie et d'épilepsie. La première a été notée 10 fois sur 176 ; la seconde, 17 fois. Total, 27, c'est-à-dire presque le sixième de la population générale. De là, un des principaux éléments de la gravité du pronostic que nous aurons à établir.

Voir le tableau ci-après :

PRONOSTIC.

PRONOSTIC.	HOMMES.	FEMMES.	TOTAL.
Curabilité probable	18	12	30
Id. douteuse	7	6	13
Incurabilité	77	56	133
TOTAUX	102	74	176

ÉTIOLOGIE.

Les causes de la folie sont physiques ou morales. Nous avons adopté cette distinction parce qu'elle est généralement admise ; mais il est bon d'observer que dans la majorité des cas peut-être, leur action s'associe, se combine de telle sorte qu'il est difficile de déterminer la part prépondérante des unes ou des autres.

D'après nos relevés (nous jugeons inutile de les reproduire), les causes physiques l'emporteraient sur les causes morales. Sur 176 cas, nous trouvons dans la première catégorie 74 ; dans la deuxième, 63 ; causes inconnues, 33. Mais les résultats statistiques varient sur ce point ; pour notre part, nous sommes porté à croire qu'un recensement exact des véritables causes de la folie montrerait la prédominance des influences morales sur les influences physiques.

Ce serait ici le lieu de parler de l'hérédité et de son degré d'influence ; mais nous aurons occasion de revenir sur ce sujet.

Nons allons nous occuper maintenant dans des chapitres distincts : 1° des admissions ; 2° des sorties ; 3° des décès ; 4° des maladies incidentes. — Des observations particulières seront rapportées à l'occasion de chacun d'eux, s'il y a lieu :

1° ADMISSIONS.

Les admissions se sont élevées à 49 : 27 hommes et 22 femmes. Elles donnent lieu à la détermination des particularités ci-après :

N.-B. — Nos relevés statistiques partiels confirment nos résultats généraux.

1° AGE. — SEXES.

AGE DES ALIÉNÉS admis pendant l'année 1855.	HOMMES.	FEMMES.	TOTAL.
De 18 à 20 ans....................	4	»	4
De 21 à 30 ans....................	7	6	13
De 31 à 40 ans....................	3	7	10
De 41 à 50 ans....................	7	7	14
De 51 à 60 ans....................	5	»	5
De 61 et au-dessus..................	1	2	3
TOTAUX...............	27	22	49

Ce relevé nous montre la plus grande fréquence de la folie dans la période de la vie que nous avons déjà eu occasion de signaler, de 30 à 50 ans.

ÉTAT CIVIL.

ÉTAT CIVIL.	HOMMES.	FEMMES.	TOTAL.
Aliénés célibataires.................	18	13	31
Id. mariés.......................	8	8	16
Id. veufs........................	1	1	2
Totaux................	27	22	49

Ce tableau confirme aussi les données que nous a fournies l'examen de l'état civil comprenant la population totale des aliénés en traitement dans l'asile pendant l'année 1855, son degré d'influence sur la production de l'aliénation mentale.

PROFESSIONS.

Les professions peuvent se grouper comme suit :

1° Professions libérales : employés, propriétaires, etc..............	h., 8;	f., 4.	Total, 12
2° Professions libérales : mécaniques, ouvriers................	4;	1.	5
3° Travaux aratoires, gens de peine, domestiques, etc...............	13;	14.	27
4° Sans profession..............	2;	3.	5
Totaux.............	h., 27;	f., 22.	Total, 49

INFLUENCE DES SAISONS.

Les saisons ne sont pas sans influence sur le développement de la folie. Ainsi nous comptons 30 admissions (sur 49) dans le cours des six mois de l'année réputés chauds, et 19 seulement pendant les autres mois. — Soit encore par saison ;

Hiver........................ 11.
Printemps.................... 13.
Été.......................... 18.
Automne...................... 8.

DATE DE LA MALADIE AU MOMENT DE L'ADMISSION.

Il n'est pas sans utilité de rechercher la date ou le degré d'ancienneté de la folie au moment de l'admission des malades. Nous avons indiqué plus haut la valeur de cette circonstance.

DURÉE DE LA MALADIE.	HOMMES.	FEMMES.	TOTAL.
De 1 à 3 mois....................	8	7	15
De 4 à 8 mois....................	5	5	10
De 8 à 12 mois...................	5	1	6
De 1 à 2 ans.....................	3	5	8
De 3 à 20 ans....................	6	4	10
TOTAUX...............	27	22	49

On voit avec quelle lenteur s'est opéré le placement de la plupart des aliénés admis. — Ajoutons que les familles appelées à donner des renseignements, les fournissent rarement avec exactitude. Nous ne reviendrons pas sur les inconvénients qui en résultent et que nous avons déjà eu occasion de signaler.

GENRES D'ALIÉNATION DANS LEURS RAPPORTS AVEC LES ADMISSIONS.

Le tableau suivant vient à l'appui de nos réflexions relatives au même objet et consignées plus haut; nous allons l'exposer sans commentaires.

GENRES DE FOLIES.	HOMMES.	FEMMES.	TOTAL.
Manie continue, récente	6	5	11
Id. chronique	2	3	5
Id. intermittente	2	1	3
Monomanie	2	2	4
Lypemanie	2	4	6
Démence	3	4	7
Folie paralytique	2	2	4
Id. épileptique	3	»	3
Idiotie	1	1	2
Folie non confirmée	2	»	2
Totaux	27	22	49

CAUSES.

Une appréciation aussi rigoureuse que possible des faits soumis à notre observation nous a permis même de constater l'action des causes morales dix-sept fois ; celle des causes physiques, dix fois. Nous avons fait pressentir plus haut ce dernier résultat.

HÉRÉDITÉ.

L'hérédité a été recherchée attentivement. Voici le résultat de nos relevés :

INFLUENCE HÉRÉDITAIRE.	HOMMES.	FEMMES.	TOTAL.
Hérédité (divers degrés)	9	8	17
Cas douteux	3	4	7
Absence de circonstance héréditaire	5	2	7
Absence de renseignements	9	7	16
Etat congénial	1	1	2
Totaux	27	22	49

PRONOSTIC.

Ainsi que nous l'avons déjà fait remarquer, le pronostic a été défavorable dans la majorité des cas. — On en jugera par ce qui suit :

PRONOSTIC.	HOMMES.	FEMMES.	TOTAL.
Cas curables	10	8	18
Cas douteux	6	5	11
Cas incurables	11	9	20
TOTAUX	27	22	49

On ne saurait trop s'empresser de provoquer l'admission des aliénés dans les établissements qui leur sont affectés et de les soumettre à un traitement spécial le plus promptement possible. Il résulte du retard et de la lenteur apportés dans cette mesure que les asiles s'encombrent de malades chroniques et le plus souvent incurables.

OBSERVATIONS PARTICULIÈRES.

1re Observation.

MANIE SIMULÉE.

Le nommé C***, extrait des prisons de Rodez, où il avait été séquestré pour vol et où il avait donné des signes de folie, fut transporté dans l'asile des aliénés, au commencement de l'année 1855. D'après les renseignements qui nous avaient été fournis, cet homme n'avait jamais manifesté antérieurement aucun signe d'aliénation mentale; et cette affection n'aurait jamais été observée dans sa famille.

Quelques jours après son incarcération, C*** se fit remarquer, nous a-t-on dit, par des actes bizarres et un mutisme absolu ; on le vit se dépouillant de ses vêtements et se mettant dans un tel état de nudité, qu'on fut obligé de l'isoler de ses camarades. Se voyant considéré comme *fou* par les gardiens et par les personnes qui l'approchaient, cet individu se livra aux scènes les plus étranges, tout en persévérant dans le silence le plus complet.

Averti de cette situation, M. le procureur impérial demanda et obtint sa séquestration dans l'asile des aliénés. Admis dans l'établissement, C***, dont l'état d'aliénation ne me parut, dès ma première visite, rien moins que démontré, fut livré à lui-même et laissé libre d'agir comme il l'entendrait, de parler ou de se taire, de manger ou non, sans qu'il lui en fût fait observation. Mais, en même temps, il fut recommandé d'une manière toute spéciale à la vigilance des gardiens chargés de rendre compte de tout ce qui frapperait leur attention, et de l'examiner, surtout aux heures où il pouvait se croire affranchi de toute surveillance. Or, pour résumer notre récit à ce sujet, C***, dans ces moments d'épreuve, n'a jamais donné le moindre symptôme de folie. Nous avons pu nous en convaincre nous-même en l'observant à son insu; nous n'avons constaté dans son regard, sa physionomie, dans ses gestes et mouvements, nulle trace d'aberration mentale; son habitude extérieure contrastait singulièrement alors avec l'expression tantôt de stupidité, tantôt de bizarrerie, d'exaltation même observée chez lui, notamment en présence des gardiens et des malades.

Pour parvenir à nous fixer définitivement sur sa situation mentale, nous avons eu recours à un expédient dont les résultats ont dépassé nos prévisions. Nous prescrivîmes un jour, au moment de notre visite, la translation de C*** dans le quartier des épileptiques : nous avions pensé que le spectacle des accès convulsifs auxquels ces infortunés sont en proie, pourrait opérer sur son esprit une forte impression et lui faire regretter le séjour de la prison, qu'il avait paru quitter avec une grande satisfaction. Nos prévisions se réalisèrent, car, très-peu de jours après l'exécution de cette mesure, C***, reprenant tout à coup une attitude naturelle et recouvrant la parole, s'avança vers nous pour demander sa sortie de l'asile, préférant, dit-il, la prison à l'hospice des fous. Sur nos observations, au sujet des extravagances auxquelles il s'était livré jusque-là et dont personne n'était dupe, il répondit *qu'il avait été fou, mais qu'il ne l'était plus.* C*** avait espéré, d'après ses propres aveux, pouvoir se dérober, en simulant la folie, aux poursuites de la justice. Sur notre rapport, cet homme fut réintégré dans les prisons de Rodez, où il n'a donné ultérieurement aucun signe d'aliénation mentale.

2e Observation.

FOLIE IMPUTÉE ET NON CONFIRMÉE.

Peu de temps après la sortie de l'individu qui est le sujet de la précédente observation, nous avons eu à admettre, dans des circonstances bien différentes, le nommé D** extrait aussi des prisons de la ville où il avait été conduit à la suite de diverses accusations de la part de sa femme. Celle-ci prétendait qu'elle avait reçu de son mari des coups et des blessures graves, et de nombreuses menaces de mort; elle l'accusait, en outre, d'être *fou;* et elle demandait au tribunal séparation de corps et de biens.

Les renseignements recueillis par la justice avaient porté à croire que D** pouvait être atteint en réalité d'aliénation mentale; qu'en conséquence, il devait être placé dans un asile d'aliénés, afin que sa situation mentale pût être plus sûrement appréciée.

Une affection incidente occasionna l'ajournement de cette mesure : le prévenu, atteint de dyssenterie, fut placé dans les infirmeries de l'hospice affectées aux détenus. Nous signalons cette circonstance, parce qu'elle concourut à nous éclairer sur la situation mentale de l'individu dont il s'agit. En effet, les personnes appelées à donner des soins au malade n'ont jamais eu occasion de remarquer chez lui, soit

BIBLIOTHÈQUE IMPÉRIALE

dans ses actes, soit dans son langage, des signes d'aberration mentale. Guéri de son affection dyssentérique, D** fut admis dans l'asile des aliénés et soumis à notre observation. Il fut examiné, interrogé avec le plus grand soin. Il n'a jamais été possible de constater la plus légère perturbation morale chez cet homme, qui, à mesure que ses forces physiques se ranimaient, demandait à s'occuper dans l'intérieur de la maison et s'y rendait utile. Interrogé sur ses précédents, notamment sur les circonstances qui avaient provoqué sa séquestration dans la prison d'abord, puis dans l'asile des aliénés, D** se bornait à répondre, avec le plus grand calme, qu'il était très-contrarié de ce qui s'était passé, à cause de ses pauvres enfants, du déshonneur qui retomberait sur eux; que leur mère *manquait de tête; qu'elle était très-emportée et querelleuse par caractère*; qu'enfin elle ne savait pas conduire son ménage; qu'elle était sans ordre et sans économie, et que c'était là la cause de fréquentes plaintes de sa part; mais qu'il n'avait jamais eu les intentions dont il était accusé à son égard; que les violences dont elle se plaignait n'étaient nullement *vraies*; qu'il avait pu la *menacer*, *lui donner des poussées dans des moments de colère*, *parce qu'il était très-vif*; mais qu'il n'avait jamais été au-delà. La blessure, dont elle parlait tant, était de son fait, sans doute, mais involontaire, puisqu'elle résultait de la chute d'un pilon qu'il venait de placer sur une planche au-dessous de laquelle la femme D** se trouvait par hasard dans ce moment. La susdite blessure fut très-légère.

Pour nous assurer de la vérité des déclarations de D**, comme aussi des accusations formulées par sa femme, nous avons pris plusieurs renseignements auprès de diverses personnes; nous avons interrogé les enfants et leur mère à diverses reprises, tantôt en présence, tantôt en l'absence de l'inculpé. Il résulte des documents puisés à ces diverses sources que les faits allégués étaient très-exagérés par la femme D** et dénaturés le plus souvent, quant aux circonstances qui ont pu les produire. Tout le monde nous a représenté cette femme comme un peu faible d'esprit, *mal rangée dans* *son ménage*, et très emportée, sans motifs, contre son mari, auquel on reconnaissait d'excellentes qualités, et surtout en fait de travail et d'économie domestique.

D** séjourna quatre semaines environ dans l'établissement, et il en sortit sans avoir donné lieu au moindre soupçon de l'affection mentale imputée. Aussi, c'est au grand désespoir de sa femme qu'il fut remis en liberté et qu'il rentra dans sa maison.

Nous nous abstenons de toutes réflexions au sujet des deux observations que nous venons de rapporter sommairement; les considérations médico-légales auxquelles elles pourraient donner lieu nous entraîneraient beaucoup trop loin et ne sauraient trouver place dans ce rapport.

SORTIES.

Les sorties pour causes diverses (décès non compris) s'élèvent à 27. Hommes, 17; femmes, 10. Ces sorties peuvent se répartir ainsi que l'indique le tableau ci-après :

SORTIES.	HOMMES.	FEMMES.	TOTAL.
Aliénés guéris	9	6	15
Id. améliorés	2	1	3
Id. rendus à leurs familles	3	2	5
Folie non confirmée	2	»	2
TOTAUX	17	10	27

Ce relevé donne lieu aux réflexions suivantes :

Si nous examinons les sorties dans leur rapport avec les admissions, ou bien avec la population totale de l'asile, et enfin le nombre des individus curables, nous trouvons des résultats qui méritent d'être notés.

La proportion des guérisons par rapport aux admissions (non compris les cas d'amélioration) a été de 1 sur 3 environ.

Elle est de 1 sur 13 par rapport à la population totale.

Enfin, de 1 sur 2 par rapport au nombre des aliénés présumés curables.

Les guérisons ont été d'autant plus assurées et plus promptes que les aliénés avaient été traités à une époque plus rapprochée du début de la maladie.

La plupart des guérisons s'appliquent à des individus dont le séjour dans l'asile n'a pas dépassé un an.

Nous n'avons à signaler qu'un seul cas de récidive.

Parmi les cas de guérison les plus remarquables, nous citerons les suivants :

3e Observation.

LYPÉMANIE. — IDÉES DE SUICIDE. — HALLUCINATIONS. — AFFECTIONS INTERCURRENTES GRAVES. — GUÉRISON.

Al**, âgé de 36 ans, célibataire, ancien militaire, d'une forte constitution, d'un tempérament bilioso-nerveux, appartenant à une famille dans laquelle aucun cas de folie n'avait existé, fut pris en mai 1854 d'un accès de lypémanie, attribué aux circonstances suivantes :

Dans une maison voisine de celle habitée par la famille Al**, dans la commune de P**, avait été commis le vol d'une somme de cent francs environ. Cet événement fit grand bruit dans la localité : on alla à la recherche du coupable. Le susnommé Al** fut accusé, arrêté par la gendarmerie et enfin soumis à un jugement. Il nous paraît inutile de raconter les détails de la procédure. L'accusé, reconnu coupable, fut condamné à douze mois de prison.

Peu de temps après sa détention, Al** donna des signes non équivoques d'aliénation : hallucinations, terreurs profondes, refus de répondre aux questions qui lui étaient adressées, de prendre des aliments les croyant empoisonnés, signes de croix fréquents et récitation à voix basse d'incessantes prières. Dans cet état, le malade est transféré (20 mai 1854) dans l'asile de Rodez. Ce n'a été que quelques jours après son admission, qu'ayant pris possession du service de l'asile, j'ai pu observer le malade dont il est question.

Je trouvai, à ma première visite, Al** placé à l'infirmerie, fixé au lit à l'aide d'un gilet de force, et ayant le membre inférieur gauche contenu dans un appareil à fracture.

Il me fut raconté par l'honorable confrère, le docteur Coc, antérieurement et intérimairement chargé du service, que le malade, dès le lendemain de son admission, avait fait une tentative de suicide en se précipitant par une fenêtre de 25 à 30 pieds de hauteur. La chute avait occasionné de violentes contusions et une fracture comminutive avec plaie de la jambe gauche, un peu au-dessus de l'articulation tibia-tarsienne. Des débridements avaient été pratiqués pour réduire le fragment supérieur du tibia qui faisait saillie au-dehors. Vers le troisième jour, s'étaient déclarés des accidents tétaniques avantageusement combattus à l'aide de quelques émissions sanguines et d'une médication opiacée.

Au point de vue de l'état mental, Al** me parut présenter les symptômes ordinairement propres au délire lypémaniaque et résumés plus haut. J'examinai le membre malade; cet examen, quoique douloureux de sa nature, ne provoqua aucun cri, aucune plainte, aucun gémissement de la part du patient qui persista dans le mutisme le plus absolu. Pendant quatre mois environ, la fracture fixa principalement notre attention. Elle était, après cette époque, en bonne voie de guérison, mais nul changement ne s'était opéré dans l'état moral de l'aliéné; loin de là, de nouvelles tendances au suicide s'étant manifestées, il fallut redoubler de surveillance à son égard. Au neuvième mois environ, survint, sans cause appréciable, une maladie incidente qui faillit avoir les suites les plus graves. Al** fut atteint d'une inflammation de la prostate avec des douleurs tellement vives, qu'il ne put persévérer plus longtemps dans son mutisme. Il fit signe à un infirmier d'aller réclamer mon assistance. Je m'empressai de me rendre auprès de ce malheureux que je trouvai, en effet, en proie aux plus atroces souffrances. A mon approche, Al** s'élança vers moi, me tint étroitement serré dans ses bras. Enfin, après un long soupir et quelques mots de prières, il rompit le silence, et, me conjurant de le soulager, il s'écria : *Dieu me permet de parler pour que je découvre mon mal au médecin dans lequel j'ai confiance. C'est là que je souffre ; j'ai là comme du feu ; j'ai en dedans quelque chose d'extraordinaire comme un corps qui me brûle.* En disant ces paroles, Al** portait ses mains sur l'hypogastre et le périnée.

J'encourageai le malade de mon mieux; je promis de le guérir et de le soulager immédiatement, s'il se montrait docile à mes prescriptions. Je voulus procéder au cathétérisme de la vessie, le malade, prétendant n'avoir presque pas uriné depuis 48 heures; mais je ne pus obtenir son consentement à l'opération. Je dus me borner à explorer le rectum. Quoi qu'il en soit, cet examen me permit de reconnaître le siége du mal. Je trouvai la prostate faisant saillie dans le rectum et ayant acquis le volume d'un gros œuf de poule; elle était très-douloureuse à la plus légère pression et le siége d'une chaleur très-sensible. Une médication appropriée à la situation du malade fut prescrite. Néanmoins, les accidents locaux et généraux persistèrent; les difficultés pour uriner allèrent même croissant. Ce ne ne fut qu'au septième jour de la maladie (7me jour d'après la déclaration du malade), qu'Al** consentit à se laisser sonder. Je procédai au cathétérisme avec l'assistance de mon honorable confrère, le docteur Bourguet; nos premiers essais furent infructueux; la sonde ne put jamais pénétrer dans la vessie; un obstacle paraissant insurmontable, l'arrêtait au niveau de la région prostatique. Enfin, à la suite de nouvelles tentatives, l'instrument parut progresser de quelques lignes, et amener une certaine quantité de matière purulente. Peu après, j'essayai d'introduire mon doigt indicateur dans le rectum et d'exercer un certain degré de pression sur l'organe malade. Cette manœuvre détermina la sortie immédiate d'un véritable flot de pus, au grand soulagement du malade qui s'écria avec une joie inexprimable : *Je suis guéri.* Tous les accidents inflammatoires s'apaisèrent, à dater de ce moment, et le malade put uriner avec assez de facilité.

Cet heureux résultat ne contribua pas peu à l'amélioration mentale d'Al** et à me valoir sa confiance la plus entière. Il me promit d'être docile, obéissant, de se conformer à toutes mes prescriptions ; mais il me conjura de ne pas exiger de lui qu'il parlât à nulle autre personne, jusqu'au moment où, de retour dans son pays, il pourrait revoir son bon curé et lui découvrir sa situation de conscience. Il y avait des choses, disait le malade, qu'il ne pouvait confier qu'à lui *seul*. Je consentis, du moins temporairement, à cette proposition; mais chaque jour, deux ou trois fois, Al** se rendait dans mon cabinet pour me raconter ce qu'il éprouvait, et me réitérer ses sentiments de reconnaissance. Il me fit part des causes de sa maladie et des divers incidents survenus. Nous regrettons de ne pouvoir reproduire ici nos longues et intéressantes conversations; mais les bornes de ce travail ne nous permettent pas de les raconter aujourd'hui.

Nous nous bornerons à exposer que, d'après ses déclarations, le malade, tourmenté à l'idée du déshonneur qui rejaillissait sur sa famille par suite de sa condamnation, en proie aux remords les plus cuisants, avait *senti sa tête se perdre ;* que, dès ce moment, et surtout dès son entrée dans la prison, il n'eut plus qu'une seule pensée, *celle de se détruire.* Mais, m'a-t-il raconté souvent, *une nuit, j'ai eu comme une vision ; la Sainte-Vierge m'apparut ; j'entendis distinctement ces paroles : Tu auras beaucoup à souffrir : tu auras bien des tentations et des épreuves à supporter. Mais, courage ! n'importe ce que tu verras ou ce que tu entendras, ne parle jamais à qui que ce soit, jusqu'à ce que ta langue soit déliée, jusqu'à ce que ta faute soit expiée et pardonnée.*

J'ai traduit aussi fidèlement que possible la pensée et le langage du malade qui le plus souvent s'exprimait en patois. Alors, ajoutait-il, *je fis vœu de ne plus parler, de ne plus ouvrir la bouche, ou bien de me tuer; je me méfiais de tout le monde; je croyais qu'on me tendait des piéges; que les personnes qui m'approchaient revêtaient diverses formes; qu'en un mot, le diable me tentait de toutes les manières, etc.*

L'amélioration observée chez ce malade fit chaque jour de nouveaux progrès; et après un an environ de séjour dans l'établissement, Al** en sortit guéri. Le bon curé de son village n'a pas manqué, sur ma recommandation, de me donner de ses nouvelles; la lettre que j'ai reçue de lui contient des détails on ne peut plus intéressants et rassurants quant à l'avenir de l'infortuné dont nous venons de raconter l'histoire très-sommairement.

4e Observation.

LYPÉMANIE. — IDÉES DE SUICIDE. — RÉCIT DES ÉVÉNEMENTS DE LA CRIMÉE. — GUÉRISON.

B**, âgé de 28 ans, célibataire (négociant), d'un tempérament nervoso-sanguin, ayant eu des aliénés dans sa famille, est encore un lypémaniaque qui, dès son entrée dans l'établissement, dut être l'objet d'une surveillance toute particulière, à cause de ses tendances au suicide. Son affection mentale remontait à trois mois environ; elle était attribuée à des pertes commerciales réelles, mais exagérées par le malade.

Les idées dominantes de B** avaient pour objet *les jésuites qui le persécutaient, qui voulaient s'emparer de sa maison; le système Raspail incompris*; B** se croyait victime *d'influences occultes qui le stérilisaient et lui rendaient son existence insupportable. La mort seule pouvait mettre un terme à de pareilles choses*. Par temps, le malade était, sous l'influence de ces idées, très-agité et violent; pas de repos; appel incessant à la mort. *Qu'on me donne de l'arsenic!* répétait-il souvent. *Qu'on m'ouvre le ventre! Que j'en finisse! Quel malheur! On ne me comprend pas!*

Telle était la situation de B**, lorsque, un jour où il me parut plus calme, j'eus la pensée de m'entretenir en sa présence de la guerre d'Orient, des glorieux faits d'armes de nos soldats et de lui proposer la lecture des journaux qui en donnaient le récit. B** se montra indifférent, mais néanmoins un peu étonné de mon langage et de mes propositions. Cependant j'eus le soin de faire poser dans sa chambre quelques numéros du journal *l'Aigle* de l'Aveyron, qui furent lus pendant la journée avec une apparence de curiosité et de vif intérêt.

En effet, le lendemain, à ma visite, B** me rendit compte, sans provocation de ma part, de ce qu'il avait lu sur les événements de la Crimée, et il me pria de lui donner communication des numéros de ce même journal, les jours suivants. Je cédai très-volontiers à ses désirs; je mis, en outre, à la disposition du malade divers ouvrages qui réveillèrent ses goûts pour la lecture. — Sous cette influence, l'état mental s'améliora graduellement et très-rapidement; le calme d'esprit ne tarda pas à renaître; les idées de suicide à s'effacer; les affections de famille se ranimèrent. Le frère de B**, averti de ces heureux changements, se rendit immédiatement auprès du malade. Sa visite produisit d'excellents effets, et elle ne contribua pas peu à hâter les progrès de la convalescence. B** put être, bientôt après, rendu à sa famille et à la libre gestion de ses affaires. — La guérison de ce malade s'est maintenue, ainsi qu'il me l'a appris lui-même, dans une lettre de date récente; elle nous paraît résulter, en grande partie, des circonstances toutes fortuites que nous avons signalées plus haut.

5e Observation.

LYPÉMANIE. — IDÉES RELIGIEUSES DOMINANTES. — PROPENSION AU SUICIDE. — TRAITEMENT MORAL. — GUÉRISON.

L'observation que nous allons rapporter nous est fournie par Mlle S**, âgée de 45 ans, célibataire, d'un tempérament lymphatico-nerveux, sujette, depuis plusieurs années, à des affections cutanées qui ont persisté dans le cours de sa maladie mentale. Cette dernière affection est attribuée à l'âge critique et à des prédispositions héréditaires. Un premier accès de folie avait été constaté quelques années auparavant ; mais cet accès avait été de courte durée.

Les symptômes constitutifs et caractérisques de l'aliénation mentale de Mlle S** peuvent se résumer sommairement : délire religieux avec idées de damnation et propension au suicide ; tendances érotiques, hallucinations de la vue et de l'ouïe.

L'histoire de cette maladie serait trop longue à raconter; nous ne signalerons que les circonstances qui nous semblent offrir le plus d'intérêt.

Dès le début de sa maladie, Mlle S** s'était crue prédestinée à l'accomplissement des événements les plus extraordinaires et à prévenir les plus grandes calamités publiques. Elle prétendait avoir reçu du Pape une *bulle mystique consacrant ses droits et ses priviléges ;* mais, selon ses propres expressions, Mlle S**, *n'ayant pas compris sa haute destinée, n'ayant pas su accomplir le grand mystère qui devait, par elle, régénérer et sauver le monde, était maudite ; elle devait être damnée éternellement. La religion, le gouvernement, la propriété, tout le genre humain, étaient perdus par sa faute, ou allaient périr par la guerre, la famine, le feu du ciel, etc., etc.*

Désolée d'être la cause d'aussi grands malheurs, Mlle S** ne cessait d'implorer la mort, *Dieu ne pouvant, disait-elle, pardonner sa faute, à moins que ce ne fût par le sacrifice de sa vie.*

Quelles sont les circonstances qui ont développé le délire de cette malade? Nous allons les faire connaître en quelques mots :

La famille S**, voyant la malade sans cesse préoccupée de son omnipotence religieuse, des pouvoirs extraordinaires reçus de Dieu et du Saint-Père, imagina, de concert avec les personnes qui (dans son domicile) lui donnaient des soins, qu'il pourrait être avantageux d'entrer dans ses idées ; de supposer la réception d'une nouvelle bulle du Pape annihilant tous les pouvoirs antérieurement accordés et prescrivant l'obéissance la plus complète à ses décisions.

Ce projet, conçu dans les intentions les plus louables sans doute, reçut son exécution. La famille déclara un jour à la malade, sérieusement et avec une sorte de solennité, qu'une bulle venait d'arriver de Rome, la dégageant de toute responsabilité : le Pape se prononçait très-catégoriquement sur les erreurs de Mlle S**, sur ses prétentions injurieuses de leur nature à l'Eglise et à Dieu lui-même. Il lui ordonnait de rentrer dans les voies de l'humilité et de l'obéissance chrétienne ; de ne jamais s'écarter à l'avenir de la marche qui lui serait tracée par son confesseur.

Tel fut le langage ou le contenu de la prétendue bulle du Pape sur laquelle on fondait le plus grand espoir de guérison; mais ce résultat, ainsi qu'il est aisé de le pressentir, ne se réalisa nullement. La malade écouta la communication qui lui fut faite avec une grande surprise, mais bientôt elle conçut des doutes (d'après le récit qui nous en a été fait) sur la réalité de ce qui lui était annoncé. Elle prétendit que le Pape ne pouvait lui ôter les pouvoirs qu'elle tenait de Dieu même. Elle se crut autorisée plus que jamais à n'ajouter foi qu'à ses idées, à ne se préoccuper que de ses *priviléges*, comme aussi de *ses graves manquements et de ses désespoirs.* Elle se persuada, et elle répétait souvent, depuis cette époque, *que Rome et toute la chrétienté étaient occupées de sa personne, et qu'on vivait dans l'attente des grands événements qui allaient s'accomplir. Elle devait être l'unique sauveur du monde.* — A cette fin, *une seule voie lui était ouverte : renouveler le mystère de l'incarnation.*

En proie à ce délire, Mlle S** s'irritait contre tous ceux qui la contrariaient et qui mettaient obstacle à l'accomplissement de sa destinée. Dans sa pensée, tout retard accumulait sur elle les plus grands malheurs. Pour empêcher ou atténuer les calamités qu'elle redoutait, il fallait au plus tôt *l'incarnation ou la mort.* Ce fut là la source des idées et des propensions érotiques observées chez la malade, dont la conduite antérieure contrastait si fort avec de semblables tendances. Ces aberrations avaient donc, dans son esprit, leur raison d'être. En effet, reproduisant le *mystère de l'incarnation*, Mlle S** régénérait l'univers et se sauvait elle-même. *Elle devait donc à tout prix réaliser sa destinée.*

La séquestration de Mlle S** dans l'établissement, loin de la calmer, ne fit qu'exaspérer son délire, surtout pendant les premiers temps de son séjour. En effet, se voyant entourée plus que jamais d'obstacles insurmontables pour la réalisation de ses projets, désespérant de pouvoir arriver à ses fins, elle se livrait quelquefois à des actes de fureur et de désespoir. Aussi, que d'efforts de sa part, que de ruses ou pour s'évader, ou pour se dérober à toute surveillance, épiant les moments et les moyens les plus favorables à l'accomplissement de son *œuvre de l'incarnation! Il faut*, disait-elle un jour à une de ses compagnes, *que je sorte; que je saisisse le premier homme que je rencontrerai. Si je ne puis m'échapper, j'attendrai le médecin, au moment de sa visite, et je le forcerai à me laisser accomplir mon mystère. Le malheureux! il ne sait pas le tort qu'il me fait en me retenant ici! Il s'entend sans doute avec Rome!*

Tous les moyens thérapeutiques, applicables en pareilles circonstances, furent employés, mais sans résultat. Il en fut autrement du concours des divers moyens moraux mis à notre disposition, notamment de l'influence du contact et des relations avec la malade des diverses personnes attachées à l'établissement. L'aumônier nous a prêté une utile assistance, ainsi que les bonnes sœurs de l'asile. Nous avons eu à nous louer également de la domestique plus particulièrement affectée aux soins de Mlle S**. Sa tenue, son langage, ses pratiques de piété renfermées dans les plus sages limites; enfin, sa patience et son dévoûment firent une impression profonde sur l'esprit de la malade. *Que je voudrais*, me disait-elle un jour, *ressembler à cette brave fille; elle est douce, patiente comme un ange pour moi qui suis un vrai démon.* Je mis à profit ce moment d'élan et de judicieuse appréciation de sa part, pour lui adresser quelques encouragements d'abord, puis, pour lui faire comprendre que ce qui se passait en elle *d'extraordinaire* était tout naturel, c'est-à-dire le résultat d'une maladie; que c'était au médecin à juger et à traiter cette maladie, etc. Mlle S** parut m'écouter avec intérêt; elle se montra de plus en plus confiante envers moi; elle me promit de ne plus nous entretenir et de ne plus s'entretenir elle-même de ce que nous appelions *ses rêves*, *ses illusions*.

Les nuits qui suivirent cette dernière entrevue furent plus calmes; l'espoir d'une guérison fit des progrès dans l'esprit de la malade qui, se reportant à ce qui se passait autour d'elle, finit par convenir que, comme d'autres malades en voie de guérison, elle pourrait bien un jour recouvrer sa pleine raison et le calme de sa conscience. Mlle S** nous demanda peu de temps après à assister aux offices religieux, à s'occuper de ses devoirs de conscience, à se confesser, etc. Ces autorisations lui furent accordées graduellement, et ce ne fut pas sans avantages réels. Bientôt se réveillèrent des souvenirs de famille, et le désir de revoir le pays natal.

Au premier avis qui lui en fut donné, une sœur de Mlle S**, se rendit à l'asile. L'entrevue des deux sœurs fut on ne peut plus touchante et salutaire pour la malade. En effet, quelques semaines après, Mlle S** put rentrer dans sa famille paraissant parfaitement guérie. Tout nous porte à croire que cette guérison sera durable malgré les fâcheux précédents signalés plus haut.

Les faits de guérison que nous offrent les observations précédentes sont dûs à l'influence d'un traitement à peu près exclusivement moral. Le cas suivant fait exception; la guérison doit être attribuée à l'action de moyens pharmaceutiques. Nous allons l'exposer en peu de mots.

6e Observation.

MANIE. — AFFECTION VERMINEUSE CONCOMITANTE. — ANTHELMINTIQUES. — GUÉRISON.

L'observation suivante nous est fournie par un jeune

garçon de 18 ans à peine, nommé G***, atteint de manie et d'une sorte de délire panophobique qui, au dire des parents, s'était déclaré à la suite d'une vive frayeur. Le maître, au service duquel G*** était attaché en qualité de berger, prétendait que ce garçon gardait fort mal ses troupeaux ; il s'emporta un jour très-vivement contre lui, et il se mit même à le poursuivre avec colère et menace de le frapper.

Le jeune pâtre, très-effrayé, courut longtemps à travers champs pour se dérober à la colère et aux menaces du maître. Dès le lendemain, on remarqua chez lui un trouble mental manifeste, et bientôt après une vive agitation accompagnée d'une sorte de tremblement des membres, avec manifestation de terreurs profondes au moindre bruit, comme à la vue de tous ceux qui l'approchaient. Ses idées devinrent incohérentes ; pas de sommeil ; céphalalgie, visions, etc. Telle était la situation du malade au moment de son admission dans l'asile. Des bains, des antispasmodiques furent prescrits ; mais ces moyens ne produisirent qu'une amélioration très-passagère et incomplète. La famille de G*** s'étant rendue un jour auprès de nous et ayant été questionnée sur ses précédents, déclara, entre autres particularités, qu'il avait été sujet, à l'époque de son bas-âge, à rendre des vers, qu'il en avait rendu quelques-uns au commencement de sa dernière maladie. Nous crûmes devoir tenir compte de cette dernière indication ; nous administrâmes, en conséquence, le semen-contra, la mousse de Corse, le calomel, etc., pendant quelques jours.

Cette médication provoqua la sortie d'une quantité considérable de vers lombricoïdes, résultat qui fut suivi presque immédiatement du calme de l'enfant et de sa guérison définitive. La sortie de G*** fut accordée quelques semaines après : sa famille est dans un état complet d'indigence. Malgré cette circonstance, G*** continue à jouir d'une bonne santé ; nous avons été à même de le revoir tout récemment encore et de confirmer ce résultat.

MORTALITÉ.

Nous avons fait connaître, au début de ce rapport, les éléments constitutifs du mouvement général de la population de l'asile pendant l'année 1855. Nous avons vu que cette population se composait, en grande partie, d'aliénés incurables.

Ce même fait est observé dans la plupart des asiles ; aussi la mortalité s'y fait remarquer par un chiffre généralement élevé ; rarement elle est inférieure au vingtième de la population totale, même dans les établissements les mieux dirigés.

Toutefois, l'asile de Rodez a eu à constater, malgré les circonstances défavorables que nous avons mentionnées, des résultats tellement satisfaisants qu'on peut les dire exceptionnels : nous ne comptons que 4 décès sur 176 aliénés traités ; ce qui donne à peine la faible proportion de 2 décès sur 100 aliénés. De pareils résultats sont rares, exceptionnels ; ils doivent nous faire craindre une mortalité bien plus élevée en 1856.

Nous donnons ci-après la proportion relative des décès depuis l'ouverture de l'asile :

1852.	— Du 1er sept. au 31 déc.	— Décès, 12.	— Population, 110.	— Soit 1 décès	sur 100.
1853.	— Année intégrale.........	16	160	10	100.
1854.	—	9	164	5 1/4	100.
1855.	—	4	176	2 1/4	100.

Puisse le décroissement de la mortalité, observé depuis deux ans, se maintenir ! Mais, nous le répétons, on ne peut guère compter sur un semblable résultat.

Parmi les individus décédés, un seul appartenait à la catégorie des malades admis pendant l'année : c'était un monomaniaque atteint d'un commencement de démence et de paralysie générale ; il succomba à la suite d'une chute (précipitation volontaire) du haut d'une croisée (25 à 30 pieds). La mort eut lieu quelques heures après et parut devoir être attribuée à une fracture des os de la base du crâne.

Les autres cas s'appliquent : 1° à un mélancolique (réfugié espagnol), décédé dans un état de marasme après quatre années de séjour dans l'établissement ; 2° à un aliéné atteint de manie intermittente, existant dans l'asile depuis quinze ans. Cet insensé a succombé dans des circonstances qu'il nous paraît utile de faire connaître et que nous exposerons très-sommairement d'après les notes fournies par un de nos honorables confrères, le docteur Coc, chargé provisoirement, à cette époque, du service de l'asile.

Le nommé M**, atteint d'une hépatite aiguë, fut placé à l'infirmerie. Cette affection incidente était en voie de franche résolution, lorsque, témoin de la mort d'un de ses camarades; placé non loin de son lit, M** s'écria tout à coup et à haute voix : *c'est fini; mon tour est venu, je vais mourir!*

Malgré les soins et les encouragements de toute nature prodigués à ce malheureux, sa sinistre prédiction ne tarda pas à s'accomplir.

Le fait que nous citons n'est-il pas suffisant pour démontrer les conséquences funestes du préjugé trop généralement répandu, à savoir : que les aliénés sont insensibles, inaccessibles à toutes sortes d'impressions physiques ou morales ; que, par conséquent, il n'y a pas lieu, sous ces rapports, à se préoccuper de ces infortunés ?

3° Enfin, le dernier malade décédé est un dément paralytique parvenu au plus haut degré de marasme, par suite d'une entéro-colite chronique et de nombreuses escarres développées sur le sacrum et sur diverses régions du corps.

NÉCROSCOPIE.

Nous n'avons à exposer aucun résultat nécroscopique ; les malades dont il a été question ayant succombé pendant notre absence ou dans des circonstances qui ne nous ont pas permis de recourir à des recherches cadavériques.

MALADIES INCIDENTES.

Bien que le chiffre de nos décès ait été très-peu élevé ,

l'état sanitaire de l'asile, néanmoins, n'a pas été toujours satisfaisant.

Nous allons donner un aperçu des principales maladies incidentes observées pendant l'année; nous pouvons grouper ces affections dans les divisions déterminées ci-après :

1° AFFECTIONS DES CENTRES NERVEUX.

Les maladies organiques des centres nerveux chez les aliénés se montrent plus rarement qu'on ne serait, *à priori*, porté à le croire.

En effet, ne semble-t-il pas que la folie doit prédisposer l'organe qui en est le siége aux altérations nombreuses dont il est susceptible? Cependant ces altérations sont assez rarement observées dans les asiles d'aliénés; ainsi : hémorrhagie, ramollissements partiels, meningite, encéphalite aiguës, tumeurs intra-crâniennes, etc., etc. Il est entendu que nous n'avons pas à tenir compte, en ce moment, des lésions ou modifications organiques diverses qui accompagnent certaines formes d'aliénation mentale, principalement celles qui s'accompagnent de paralysie générale. Quoi qu'il en soit, les considérations qui précèdent se trouvent justifiées par le résultat de nos relevés cliniques. A l'exception de quelques accidents cérébraux congestifs observés communément dans la plupart des cas de paralysie et d'épilepsie; à l'exception de quelques troubles de même nature observés sur deux hystériques dont l'observation ne saurait trouver place ici, nous n'avons eu à traiter, pendant l'année, aucune maladie incidente des centres nerveux.

AFFECTIONS DES ORGANES THORACIQUES.

Nous avons eu à traiter diverses affections des organes thoraciques; nous en donnons l'énumération ci-après :

Bronchite capillaire	1	cas.
Id. catarrhale	3	
A reporter	4	

Report	4 cas.
Pleurodynie	2
Pleurésie	1
Pleuro-pmeumonie	2
Hémoptysie	1
Anévrysme du cœur	2
Névralgie intercostale	1
Total	13 cas.

Les affections dont nous avons présenté le tableau n'ont pas paru exercer une notable influence sur la marche de la folie, dans la presque totalité des cas.

Nous avons observé une rémission du délire chez un maniaque atteint de bronchite capillaire ; tandis qu'un monomaniaque a offert un état de surexcitation très-marquée dans le cours d'une bronchite catarrhale.

Nous ajouterons néanmoins que, tout récemment encore, nous avons eu occasion de constater la guérison d'un maniaque pendant le cours d'un travail de tuberculisation pulmonaire.

MALADIES ABDOMINALES.

Des cas nombreux de dyspepsie, d'embarras gastriques, etc., ont été constatés pendant l'année 1855. Ces troubles observés nous ont paru subir l'influence de la constitution médicale régnante à cette époque dans nos contrées, telles que fièvres typhoïdes, varioles, dyssenteries, etc. La convalescence des malades a été généralement très-lente ; les rechutes fréquentes ; les phénomènes généraux rarement en rapport avec le peu de développement ou d'intensité des accidents locaux.

Dans un des cas observés présentant une marche à forme périodique, nous avons administré avec succès le sulfate de quinine, malgré l'existence d'une vive irritabilité gastrique et de vomissements fréquents. Nous n'avons pas obtenu le même résultat dans un cas, en apparence du moins, tout-à-fait identique : dans cette dernière circonstance, nous avons eu à nous louer de l'administration des purgatifs salins.

HÉMATÉMÈSE.

A l'occasion des affections de l'estomac, nous mentionnerons un cas d'hématémèse survenu, sans cause appréciable, chez une jeune épileptique. La malade avait déjà vomi un litre de sang environ et nous inspirait de sérieuses inquiétudes, lorsque, à bout de moyens, nous prescrivîmes quelques cuillerées de l'eau dite de Pagliari. A la troisième dose, et en l'espace de trois quarts d'heure au plus, les vomissements s'arrêtèrent pour ne plus se reproduire. La malade reprit presque immédiatement après ses habitudes ordinaires de régime.

DYSENTERIE.

Dans le cours de l'automne dernier se sont présentés plusieurs cas de dysenterie ; quelques-uns d'eux avec des caractères de gravité. Cependant aucun cas ne s'est terminé d'une manière funeste. Nous n'avons aucune remarque à faire relativement à la marche observée dans le cours de ces affections.

CONSTIPATION OPINIATRE.

La malade qui est l'objet de cette observation est une fille de 29 ans environ, affectée de manie intermittente, dont les accès présentent quelquefois un caractère de violence inexprimable. Cette situation se complique d'une paralysie complète des extrémités inférieures et du bras gauche ; la vessie et le rectum paraissent être sous l'influence de la même cause ; car les garde-robes, depuis quelque temps surtout, sont rares, difficiles ; et l'excrétion de l'urine impossible sans le secours de la sonde.

La constipation que nous signalons chez la malade dont il s'agit cède le plus ordinairement aux moyens généralement employés ; mais il n'en est pas toujours ainsi : Il y a huit à neuf mois environ, la malade passa trente-cinq jours sans aller à la selle. Les purgatifs de toute sorte et sous toutes les formes, furent vainement administrés. Il fallut recourir à l'extraction mécanique des matières fécales, opération qui eût été moins tardive si elle n'eût rencontré une résistance insurmontable. L'opération à laquelle nous dûmes recourir nous permit de retirer partiellement une masse énorme de fèces, ou de boules indurées en si grand nombre et si fortement agglomérées entre elles qu'elles constituaient une tumeur considérable. Il en était résulté une dilatation du rectum telle que cet intestin aurait pu loger facilement la tête d'un enfant de deux ans.

Depuis cette époque, la malade se montre moins indocile à nos moyens de traitement; les garde-robes s'effectuent avec moins de difficultés.

AFFECTIONS DU FOIE.

Nous n'avons à mentionner qu'une seule observation d'affection du foie. Elle concerne le nommé M** dont il a été question plus haut, malade que nous avons vu succomber sous l'influence d'une impression morale, à la vue d'un de ses camarades mourants.

VOIES URINAIRES.

Nous avons observé deux cas de cystite, un cas de prostalite abcédé. Ce dernier a été signalé dans l'observation relative à l'aliéné Al**.

AFFECTIONS UTÉRINES.

A l'exception de deux cas de métrorrhagie observés sur deux aliénées d'un âge avancé et n'ayant offert aucun caractère de gravité, nous n'avons eu à noter aucune maladie de l'utérus.

Nous ne croyons pas devoir nous entretenir, dans ce moment, des divers troubles de la menstruation observés chez les aliénées. Ce sujet nous entraînerait beaucoup trop loin.

VERS INTESTINAUX.

Les affections vermineuses, à l'influence desquelles on a accordé autrefois une importance exagérée, ne sont peut-être pas, de nos jours, l'objet de l'attention qu'elles méritent.

Nous avons eu occasion de constater des complications vermineuses : 1° sur quatre aliénés atteints de manie; 2° chez un monomaniaque; 3° chez un malade en démence. Dans le cas de manie dont l'observation a été rapportée, la guérison a suivi de trop près l'usage des antivermineux pour ne pas présenter une signification toute particulière. C'est, au reste, le seul cas de guérison que nous ayons obtenu. Sur un autre malade, nous n'avons constaté qu'une amélioration passagère.

AFFECTIONS CUTANÉES.

Le printemps et l'automne de 1855 se sont fait remarquer par une véritable épidémie de furoncles, d'érysipèles et de panaris, etc.

La fréquence de ces maladies, leur co-existence avec les affections gastrique, typhique, etc., dont il a été question, nous portent à rattacher à la même cause, à la constitution médicale régnante à cette époque, les inflammations que nous venons de mentionner.

Nous devons ajouter que le développement de ces affections n'a exercé aucune action critique et évidemment salutaire sur les individus qui en ont été atteints; dans bien des cas, il a paru aggraver, du moins momentanément, leur situation morale, loin de l'améliorer.

FIÈVRES.

Ainsi que nous l'avons déjà fait remarquer, des fièvres graves ont régné dans la ville et dans l'arrondissement de Rodez, pendant l'année qui vient de s'écouler, mais ces affections se sont à peine fait sentir dans l'asile des aliénés.

Nous n'avons à signaler qu'un seul cas de fièvre typhoïde, observé chez une jeune fille atteinte, depuis quelques années, de manie chronique. Ce cas a été remarquable par la rémission complète du délire maniaque : pendant le cours de cette affection incidente, aucun signe d'aliénation mentale ne s'est manifesté ; rien n'aurait pu faire soupçonner son existence à quiconque n'eût pas été prévenu. Mais, au moment où la malade, convalescente de la fièvre typhoïde, commençait à reprendre des forces, le délire a éclaté tout à coup avec tous les symptômes caractéristiques des accès antérieurs. Aucune médication n'a pu en arrêter le développement.

Nous ne voudrions pas terminer la première partie du présent rapport sans signaler les nombreuses améliorations que réclament divers points du service intérieur. Ainsi, le régime alimentaire, le couchage, l'état actuel des salles de bains et de la chapelle provisoire dont les dispositions nuisent essentiellement au service religieux. Mais la plupart de ces questions doivent être ajournées à des temps plus opportuns, tandis que quelques-unes d'entre elles trouveront leur place dans notre compte-rendu administratif et moral.

Enfin, qu'il nous soit permis, Monsieur le Préfet, d'exprimer aujourd'hui le vœu de voir s'établir au sein de ce département une institution qui a déjà produit en d'autres lieux les plus heureux effets : nous voulons parler de la création d'une société de patronage en faveur de nos pauvres insensés qui, après avoir recueilli les bienfaits d'un traitement efficace dans l'asile qui leur est affecté, sont rendus à leur famille et remis en liberté. On sait que ces infortunés sont le plus souvent délaissés et livrés quelquefois à de mauvais traitements, ou bien à d'indignes et irritantes plaisanteries : ce délaissement est une cause fréquente de rechute. L'institution qu'il s'agirait de créer serait de nature à prévenir d'aussi fâcheux résultats. Il suffit d'indiquer son but, ce nous semble, pour comprendre toute son utilité. Nous ajouterons, cependant, que cette société de patronage pourrait s'étendre aussi à une autre classe d'infirmes également dignes de notre intérêt et de notre sollicitude, les aveugles et les sourds-muets indigents.

Puisse le projet que nous émettons et qui a reçu, nous le savons, de hautes sympathies, mériter également l'approbation et le concours efficace du Conseil général de l'Aveyron!

Rodez, le 30 juin 1856.

Le Directeur-médecin,

J. CHAMBERT.

NOTA. — La deuxième partie (compte-rendu administratif et moral annoncé ci-dessus) ayant été imprimée dans le remarquable rapport de M. le Préfet au Conseil général, nous avons cru devoir nous abstenir de la reproduire à la suite de notre travail.

P.-S. — Nous sommes heureux d'apprendre que, sur la proposition de M. le Préfet, le Conseil général a donné satisfaction aux vœux exprimés dans notre rapport. Il a élevé de 86 centimes à 1 franc la journée d'entretien de chaque aliéné indigent, et adopté le projet de diverses améliorations à réaliser dans l'intérieur de l'asile.

Qu'il nous soit permis de nous réjouir du précieux résultat

que nous annonçons, comme aussi de faire agréer à M. le Préfet et aux honorables membres du Conseil général de l'Aveyron, au nom de nos malheureux aliénés, objet de leur vive sollicitude, l'hommage de notre profonde et respectueuse reconnaissance.

De semblables bienfaits, il faut en convenir, portent en eux-mêmes leur plus haute signification et leur plus douce récompense.

10 septembre 1856.

BIBLIOTHÈQUE IMPÉRIALE IMPR.

Rodez, Imprimerie de N. RATERY, rue de l'Embergue, 21.

76

www.ingramcontent.com/pod-product-compliance
Lightning Source LLC
LaVergne TN
LVHW020247230826
846091LV00006B/2283

* 9 7 8 2 0 1 3 2 6 3 9 5 5 *